新世紀の中国

徐　送迎

駿河台出版社

日中の教育交流

はじめに

　この教科書は初級中国語を終えた学習者を対象とした中級テキストです。

　本書は新中国の歩みや現代中国の動きに重点を置きました。この教科書の勉強を通じて中国語のレベルが向上されることは当然ですが、さらに中国という国、民族に対する理解も深められますように、切に期しております。

　本書の表現において、できるだけ、口語に近い平易な文章体を目指しました。授業中、思い切り、より多くの時間で本文を楽しめるように、練習問題は特に設けていません。"词语注释""语法与表达""思考题"の三項目で、学習者の読解を手助けします。

　これまで中級講読のテキストは多少難易度が高いように思われています。作文をしようとする学習者にとっては、なかなか模倣することのできない高根の花でした。そこで本書は比較的真似しやすい模範文を幾つか作成し、中国語作文授業の教科書として学習者の文章作りにも役に立ちたいと考えております。

　この教科書の勉強方法としては、テープとの併用をお勧めします。読む、聴くことを同時に進めて行けば、語感が高められ、聞いているうちに、自然にいろいろな表現を覚えた方が最も望ましいです。

　本書の作成に相原茂先生等から貴重なご意見を賜り、ここに厚く感謝の意を表します。

　本書の出版に当たって駿河台出版社の井田洋二社長を始め、編集部の浅見忠仁様に多大なご協力をいただきました。記して心からお礼を申し上げたいです。

　　2002年5月1日

　　　　　　　　　　　　　　　　　　　　　　　　　　　　著　者

目 录

第1课　新中国 …………………………………………………… 2
　　　1．被～（受身文のしるし。～れる、～られる）
　　　2．～着（動作の持続形）
　　　3．为～而～（～のために～する。"而"は接続詞）

第2课　伤痕文学 ………………………………………………… 6
　　　1．称～为～（"称谓"を表す兼語文）
　　　2．以～为～（～を～として）
　　　3．几乎～（ほとんど、～に近い）

第3课　时代风潮 ………………………………………………… 10
　　　1．连～也～（～さえも、～までも）
　　　2．～起来（複合方向補語の派生的用法）
　　　3．使(让)＋人＋動詞＋（目的語）（使役式兼語文）
　　　4．应该～（～べきである、～でなければならない）

第4课　说南道北 ………………………………………………… 14
　　　1．常言说～（諺にもあるように）
　　　2．可能是～吧（たぶん～であろう）
　　　3．对于～来说（～にとっては）
　　　4．即～（すなわち～である）

第5课　鲁迅与藤野先生 ………………………………………… 18
　　　1．把～（目的語を前置するしるし。～を～する）
　　　2．认识到了～（認識した、分かった）
　　　3．一直～（ずっと）

第6课　中国的教育 ……………………………………………… 22
　　　1．虽然～但是～（～ではあるけれども）
　　　2．如果～就～（もし～ならば）
　　　3．对于～（～に対して、～に対する～）
　　　4．動詞（形容詞）＋得～（程度・状態補語）

第 7 课　小时工 ………………………………………………… 26
　　　　1．作为〜（〜として）
　　　　2．通过〜（〜を通して）
　　　　3．据〜报道［据报道〜］（〜の報道によれば、报道によれば）

第 8 课　万里长城 ……………………………………………… 30
　　　　1．大概〜（たぶん、おそらく）
　　　　2．被誉为〜［被〜誉为］（〜に〜とほめられる、
　　　　　とほめたたえられる）
　　　　3．愿意〜（心から〜したいと思う［希望する］）

第 9 课　休闲热 ………………………………………………… 34
　　　　1．不仅〜而且〜（〜ばかりでなく〜そのうえ［しかも］）
　　　　2．所谓〜（〜というのは、〜とは）
　　　　3．但愿〜（願わくは〜であってほしい）

第10课　黄金周 ………………………………………………… 38
　　　　1．不禁〜（思わず、〜せずにいられない）
　　　　2．准备〜（〜するつもりである、〜する予定である）
　　　　3．真是〜啊（本当に〜であろう）

第11课　现代化生活 …………………………………………… 42
　　　　1．想起〜（思い出す、思い起こす）
　　　　2．動詞＋不了（可能補語の否定形）
　　　　3．不久〜（間もなく、やがて）

第12课　"文化打工" …………………………………………… 46
　　　　1．比〜还〜（〜より、さらに〜）
　　　　2．即使〜也〜（たとえ〜としても、仮に〜としても）
　　　　3．只好〜（〜するほかない、〜せざるを得ない）

第13课　旅行日记 ·· 50
　　　　1．比～要～（～より～だ、～より～のようだ）
　　　　2．"被"（为）＋名詞＋"所"＋動詞（受け身を表す）
　　　　3．又～又～（二つのことの並列を表す）

第14课　重游王府井 ·· 54
　　　　1．总算～（やっとのことで）
　　　　2．经过～（～を経て、～を通じて、～した結果）
　　　　3．似乎～（～らしい、～のようである）

第15课　新住房 ·· 58
　　　　1．然后～（その後、それから、～してから）
　　　　2．跟随～（あとについて行く、人のあとにつき従う）
　　　　3．回想～（回想する、振り返る）

新世紀の中国

新　中国
Xīn　Zhōngguó

新　中国，也　就　是　中华人民共和国，成立
Xīn Zhōngguó, yě jiù shì Zhōnghuá rénmín gònghéguó, chénglì

于　一九四九年　十月　一日。那　时　我　还　是　个
yú yījiǔsìjiǔnián shíyuè yīrì. Nà shí wǒ hái shì ge

小学生，并　不　清楚　这　世界上　究竟　发生
xiǎoxuéshēng, bìng bu qīngchu zhè shìjièshang jiūjìng fāshēng

了　什么。只　知道　共产党　和　国民党　经过　三年
le shénme. Zhǐ zhīdào Gòngchǎndǎng hé Guómíndǎng jīngguò sānnián

的　国内　战争，共产党　胜利　了，败北　了　的
de guónèi zhànzhēng, Gòngchǎndǎng shènglì le, bàiběi le de

国民党　跑到　台湾　去　了。
Guómíndǎng pǎodào Táiwān qù le.

欢欣鼓舞　的　人们　涌上　街头，载歌载舞，庆祝
Huānxīngǔwǔ de rénmen yǒngshang jiētóu, zàigēzàiwǔ, qìngzhù

新　政权　的　诞生。解放　当初，社会　繁荣，物价
xīn zhèngquán de dànshēng. Jiěfàng dāngchū, shèhuì fánróng, wùjià

也　便宜。官僚、地主、资本家　都　被　打倒　了，
yě piányi. Guānliáo、dìzhǔ、zīběnjiā dōu bèi dǎdǎo le,

人民　成了　国家　的　主人。人　与　人　之　间，
rénmín chéngle guójiā de zhǔrén. Rén yú rén zhī jiān,

最　流行　的　称呼　是　"同志"。相反，不　被　看做
zuì liúxíng de chēnghū shì "tóngzhì". Xiāngfǎn, bú bèi kànzuò

同志　的　人，他　的　处境　就　很　危险　了。
tóngzhì de rén, tā de chǔjìng jiù hěn wēixiǎn le.

到　如今，新　中国　已经　有了　五十三年　的　历史。
Dào rújīn, xīn Zhōngguó yǐjing yǒule wǔshisānnián de lìshǐ.

回首 这段 历程，人们 常常 慨叹：政治 运动
Huíshǒu zhèduàn lìchéng, rénmen chángcháng kǎitàn: zhèngzhì yùndòng

太 多 了。特别 是 进行了 十年 的 "文化大革命"
tài duō le. Tèbié shì jìnxíngle shínián de "Wénhuà dàgémìng"

(1966～1976年)，人为 的 灾难 使 这个 具有 悠久
(1966～1976年), rénwéi de zāinàn shǐ zhège jùyǒu yōujiǔ

文化 的 古国，大大 地 落伍 于 时代。人民 也
wénhuà de gǔguó, dàdà de luòwǔ yú shídài. Rénmín yě

蒙受了 深重 的 苦难。
méngshòule shēnzhòng de kǔnàn.

七六年 打倒了 江 青 等 "四人帮" 以后，经过
Qīliùnián dǎdǎole Jiāng Qīng děng "sìrénbāng" yǐhòu, jīngguò

改革开放 二十余年 的 努力，进入 二十一世纪 的
gǎigékāifàng èrshíyúnián de nǔlì, jìnrù èrshiyīshìjì de

中国，正在 发生着 日新月异 的 变化。虽然
Zhōngguó, zhèngzài fāshēngzhe rìxīnyuèyì de biànhuà. Suīrán

存在着 下岗、腐化 等 许多 社会 问题，但是 应该
cúnzàizhe xiàgǎng、fǔhuà děng xǔduō shèhuì wèntí, dànshì yīnggāi

说 这 是 新 中国 成立 以来 最好 的 时代。
shuō zhè shì xīn Zhōngguó chénglì yǐlái zuìhǎo de shídài.

早已 步入 花甲之年 的 我 真 想 再 年轻
Zǎoyǐ bùrù huājiǎzhīnián de wǒ zhēn xiǎng zài niánqīng

二十岁，为 祖国 的 繁荣 和 昌盛，为 一个
èrshísuì, wèi zǔguó de fánróng hé chāngshèng, wèi yíge

更 美好 的 人生 而 大干 一场！
gèng měihǎo de rénshēng ér dàgàn yìcháng!

词语注释

不清楚：あまり知らない、よく分からない
究竟：いったい
欢欣鼓舞：嬉しさに奮い立つ
载歌载舞：歌いながら踊りをする
涌：湧く、（大勢の人が）どっと現れる、なだれ込む
回首：振り返る
历程：経て来た過程、歴程
慨叹：心に深く感じて嘆く、慨嘆する
具有：持つ、有する

蒙受：こうむる、受ける
四人帮：文化大革命中、国や民に苦難をもたらした江青、張春橋、姚文元、王洪文の四人を指す
日新月异：日ごと月ごとに新しくなる、日進月歩
下岗：一時帰休、リストラ
花甲之年：還暦
大干一场：大いに張り切ってやる（"一场"は数量詞）

语法与表达

1. 被～（受身文のしるし。～れる、～られる）

   他 的 留学 申请 没 被 批准。
   Tā de liúxué shēnqǐng méi bèi pīzhǔn.

   树上 的 苹果 被 暴风 刮落了 一半。
   Shùshang de píngguǒ bèi bàofēng guāluòle yíbànr.

2. ～着（動作の持続形）

   他 喜欢 躺着 看 书。
   Tā xǐhuan tǎngzhe kàn shū.

   父母 期待着 我 像 他们 一样 成为 书法家。
   Fùmǔ qīdàizhe wǒ xiàng tāmen yíyàng chéngwéi shūfǎjiā.

3. 为～而～（～のために～する。"而"は接続詞）

   为 公司 的 存亡 而 奔走。
   Wèi gōngsī de cúnwáng ér bēnzǒu.

   为 朋友 的 成功 而 由衷 地 高兴。
   Wèi péngyou de chénggōng ér yóuzhōng de gāoxìng.

批准/許可する　　刮/吹く　　躺/横になる　　由衷/心から

思 考 題

1．中华人民共和国是什么时候成立的？

2．新中国成立后，人与人之间最流行的称呼是什么？

3．回首五十三年的历程，人们常常慨叹什么？

4．文化大革命进行了几年？

5．现在的中国存在着哪些社会问题？

6．早已步入花甲之年的"我"想做什么？

朝、体を鍛える人々

伤痕 文学
Shānghén wénxué

一九七六年 的 金秋 十月，从 首都 北京 传来
Yījiǔqīliùnián de jīnqiū shíyuè, cóng shǒudōu Běijīng chuánlái

了 一个 震惊 世界 的 重大 新闻:"四人帮" 被 逮捕 了。
le yíge zhènjīng shìjiè de zhòngdà xīnwén: "sìrénbāng" bèi dàibǔ le.

这 真 是 从 天 而 降 的 特大 喜讯! 持续 了 十年
Zhè zhēn shì cóng tiān ér jiàng de tèdà xǐxùn! Chíxù le shínián

的 无产阶级 文化 大革命，终于 结束 了! 老百姓 怎么
de Wúchǎnjiējí wénhuà dàgémìng, zhōngyú jiéshù le! Lǎobǎixìng zěnme

能 不 拍手称快 呢? 人们 称 这一 壮举 为 第
néng bù pāishǒuchēngkuài ne? Rénmen chēn zhèyī zhuàngjǔ wéi dì

二次 解放。
èrcì jiěfàng.

不久, 以 邓 小平 为首 的 党中央，恢复了
Bùjiǔ, yǐ Dèng Xiǎopíng wéishǒu de Dǎngzhōngyāng, huīfùle

中断 多年 的 高考 招生 制度。从此 不 再 靠
zhōngduàn duōnián de gāokǎo zhāoshēng zhìdù. Cóngcǐ bú zài kào

"后门儿"，或者 什么 "推荐"，可以 凭 自己 的 实力
"hòuménr", huòzhě shénme "tuījiàn", kěyǐ píng zìjǐ de shílì

进 大学 了。
jìn dàxué le.

那 以后, 国家 又 为 一九五七年 被 错 打成
Nà yǐhòu, guójiā yòu wèi yījiǔwǔqīnián bèi cuò dǎchéng

"右派" 的 五十多万 人 平反，为 文革 中 受
"yòupài" de wǔshíduōwàn rén píngfǎn, wèi Wéngé zhōng shòu

迫害 的 "牛鬼蛇神" 昭雪。随 之 而 来, 文艺、
pòhài de "niúguǐshéshén" zhāoxuě. Suí zhī ér lái, wányì、

文学界也发生了巨大的变化。文革期间百姓看的是革命京剧样板戏，听的和唱的几乎都是政治歌曲。一九七八年以卢新华的短篇小说《伤痕》为契机，出现了大量反映文革中人间悲剧的"伤痕文学"。一篇好小说，因发行部数有限，很难买到。于是，你借给我，我传给他，数亿中国人流着热泪，争相传阅。一部感人的电视连续剧，播放几个月，到了放映的时间，大街小巷几乎看不到行人，都坐在电视机前看电视。众多的百姓，沉浸在痛定思痛的文学享受之中。也让我们重新看到了文学的力量。

词语注释

震惊：びっくりさせる、驚かす
新闻：ニュース
拍手称快：〈成語〉手をたたいて、快哉を叫ぶ
高考：大学の入試、"全国高等院校招生统一考试"の略称
后门儿：〈喩〉裏口、コネ
凭：～で、～によって
右派：1957年から58年前半に展開した反右派闘争中、"反党反社会主义"等の罪に被られた人たち
平反：名誉回復する

牛鬼蛇神：〈成語〉妖怪変化、得体の知れない者ども。文化大革命中、旧地主や旧資本家、学界の権威などをたとえた
昭雪：冤罪をすすぐ
样板戏：革命的模範劇
契机：契機、きっかけ
因：～なので、～のために
争相传阅：互いに争って回覧する
沉浸：〈喩〉思いにふける、浸る
痛定思痛：〈成語〉苦しみが過ぎた後にその苦しみを思い出して教訓を汲み取る

语法与表达

1. 称〜为〜（"称谓"を表す兼語文）

　人们　称　这一　自然　现象　为　日食。
　Rénmen chēn zhèyī zìrán xiànxiàng wéi rìshí.

　中国　的　历史上　称　这个　时期　为　南北朝。
　Zhōngguó de lìshǐshang chēn zhège shíqī wéi Nánběicháo.

2. 以〜为〜（～を～として）

　我们　学校　以　班级　为　中心　开展　体育　活动。
　Wǒmen xuéxiào yǐ bānjí wéi zhōngxīn kāizhǎn tǐyù huódòng.

　以　他　的　来访　为　契机，我们　成了　好　朋友。
　Yǐ tā de láifǎng wéi qìjī, wǒmen chéngle hǎo péngyou.

3. 几乎〜（ほとんど、～に近い）

　我们　俱乐部　几乎　都　是　男生。
　Wǒmen jùlèbù jīhū dōu shì nánshēng.

　他　几乎　一个　晚上　没　睡觉。
　Tā jīhū yíge wǎnshang méi shuìjiào.

体育活动/スポーツ　　南北朝/紀元240-589年　　俱乐部/クラブ

思 考 题

1．一九七六年十月，有什么重大新闻？

2．邓小平为首的党中央，恢复了什么制度？

3．文革期间，百姓看的是什么？听的和唱的呢？

4．一九七八年出现了大量的什么文学？

5．那时中国人流着热泪，争相传阅什么？

6．到了什么时间，大街小巷几乎看不到行人？为什么？

北京駅

时代 风潮
Shídài fēngcháo

《中国青年》 2001年 第23期上 有 一项
《Zhōngguóqīngnián》 èrlínglíngyīnián dìèrshisānqīshang yǒu yíxiàng

关于 消费 的 调查。其中 有 这样 两个 问题:
guānyú xiāofèi de diàochá. Qízhōng yǒu zhèyang liǎngge wèntí:

"挣 多少 钱 才 是 个 够?" "多少 钱 会 使
"Zhèng duōshǎo qián cái shì ge gòu?" "Duōshǎo qián huì shǐ

我们 更 有 安全感?" 回答 中 的 最高 数值 竟
wǒmen gèng yǒu ānquángǎn?" Huídá zhōng de zuìgāo shùzhí jìng

达 三千万 人民币。要是 在 从前, 这 真 是 个
dá sānqiānwàn rénmínbì. Yàoshì zài cóngqián, zhè zhēn shì ge

连 想 也 不 敢 想 的 天文 数字。
lián xiǎng yě bù gǎn xiǎng de tiānwén shùzì.

回首 改革开放 二十多年 的 历程, 真 可以 说
Huíshǒu gǎigékāifàng èrshiduōnián de lìchéng, zhēn kěyǐ shuō

波澜壮阔。七十年代 末, 中国 政府 推出了 "让
bōlánzhuàngkuò. Qīshíniándài mò, Zhōngguó zhèngfǔ tuīchūle "ràng

一部分 人 先 富起来" 的 政策, 深圳、厦门 等地
yíbùfēn rén xiān fùqǐlai" de zhèngcè, Shēnzhèn、Xiàmén děngdì

先后 成了 经济 特区。当时, 在 特区 打出 的 "时间
xiānhòu chéngle jīngjì tèqū. Dāngshí, zài tèqū dǎchū de "shíjiān

就 是 金钱" 的 大幅 标语, 使 内地人 大为 震惊。
jiù shì jīnqián" de dàfú biāoyǔ, shǐ nèidìrén dàwéi zhènjīng.

也 难怪, 多年来 追求 金钱 一直 是 弥天大罪 的。
Yě nánguài, duōniánlái zhuīqiú jīnqián yìzhí shì mítiāndàzuì de.

经历了文革 的 人们 谁 也 不 会 忘记 "宁要 社会主义
Jīnglìle Wéngé de rénmen shuí yě bú huì wàngjì "nìngyào shèhuìzhǔyì

的草，不要资本主义的苗"那个可怕的年代。随着"向钱看"的时代风潮，几年的时间里，涌现出一大批"万元户"。八十年代末、九十年代初，全国上下出现了承包国营企业，兴办个体企业的"下海"热。"下海"的成功者们真的成了令人羡慕的大富豪。他们大把大把地花钱消费，于是人们送给他们一个形象的绰号——"大款"。

目前的中国，"大款"毕竟是少数人，然而我们应该看到中国的百姓正在大胆地追求着他们渴望已久的富裕生活。

词语注释

够：足りる
要是：もし、もしも〜なら
波澜壮阔：〈成語〉押し寄せる大波のように勢いがすさまじいさま、波瀾万丈
推出：（新しいもの等を世に）出す
标语：スローガン
难怪：無理もない、道理で
弥天大罪：〈成語〉極悪の大罪
可怕：恐ろしい、恐るべき
随着：〜につれて、〜に伴って
承包：請け負う
兴办：作る

下海：漁師が海に出て猟をすることは"下海"と言う。改革開放中、公職を辞め、個人で会社を経営し、ビジネスの仕事等に就く新しい意味が与えられた
羡慕：うらやましい、うらやましがる
大把大把：ここで豪快、贅沢にお金を使うことの形容
绰号：あだ名
款：金
毕竟：結局、いずれにせよ

语法与表达

1. 连〜也〜（〜さえも、〜までも）

这个 名字 我 连 听 也 没 听过。
Zhège míngzi wǒ lián tīng yě méi tīngguo.

你 怎么 连 这么 简单 的 问题 也 不 会 呢?
Nǐ zěnme lián zhème jiǎndān de wèntí yě bú huì ne?

2. 〜起来（複合方向補語の派生的用法）

他 高兴 地 唱了起来。
Tā gāoxìng de chàngqǐlai.

桌子上 的 东西 收拾起来 了 吗?
Zhuōzishang de dōngxi shōushiqǐlai le ma?

3. 使(让)＋人＋動詞＋(目的語)（使役式兼語文）

老师 让 我 多 锻炼 身体。
Lǎoshī ràng wǒ duō duànliàn shēntǐ.

他 的 讲话 使 我们 很 感动。
Tā de jiǎnghuà shǐ wǒmen hěn gǎndòng.

4．应该～（～べきである、～でなければならない）

自己 的 事 应该 自己 做。
Zìjǐ de shì yīnggāi zìjǐ zuò.

我们 应该 珍惜 大好 的 青春 时光。
Wǒmen yīnggāi zhēnxī dàhǎo de qīngchūn shíguāng.

收拾/かたづける　　珍惜/大切にする　　大好/非常によい
时光/時期、時

思 考 题

1．七十年代末中国政府推出了什么政策？

2．先后成了经济特区的是什么地方？

3．使内地人大为震惊的标语是什么？

4．几年的时间里，涌现出一大批什么人？

5．"下海"热是什么时候出现的？

6．中国的百姓正在大胆地追求着什么？

豊富で安い中華料理

第四课 说南道北
Shuō nán dào běi

在中国以长江为界限，分为南方和
Zài Zhōngguó yǐ Chángjiāng wéi jièxiàn, fēnwéi nánfāng hé

北方。常言说"一方水土一方人"。风光秀丽
běifāng. Chángyán shuō "yìfāng shuǐtǔ yìfāng rén". Fēngguāng xiùlì

的南国与雄浑壮阔的北疆培育了生活
de nánguó yǔ xiónghún zhuàngkuò de běijiāng péiyùle shēnghuó

习惯、性格等各方面截然不同的儿女。
xíguàn、xìnggé děng gè fāngmiàn jiérán bù tóng de érnǚ.

一般地说，北方人性格豪爽、憨厚；南方人
Yìbān de shuō, běifāngrén xìnggé háoshuǎng、hānhòu; nánfāngrén

精明、心细。粗犷的北方人，打架的时候，常常
jīngmíng xīnxì. Cūguǎng de běifāngrén, dǎjià de shíhou, chángcháng

大打出手；而斯文的南方人多半是动口不动手。
dàdǎchūshǒu; ér sīwén de nánfāngrén duōbàn shì dòngkǒu bú dòngshǒu.

可能是天气寒冷的缘故吧，以面食为主的
Kěnéng shì tiānqì hánlěng de yuángù ba, yǐ miànshí wéizhǔ de

北方人用大碗喝酒大碗吃饭；而以米饭为
běifāng rén yòng dàwǎn hējiǔ dàwǎn chīfàn; ér yǐ mǐfàn wéi

主食的南方人，由于天气炎热，他们喜欢吃
zhǔshí de nánfāngrén, yóuyú tiānqì yánrè, tāmen xǐhuan chī

零食，每顿饭吃的量比较少。使用的
língshí, měidùn fàn chī de liàng bǐjiào shǎo. Shǐyòng de

餐具也是小碟子小碗。北方人到南方人家
cānjù yě shì xiǎodiézi xiǎowǎn. Běifāngrén dào nánfāngrén jiā

做客，往往会觉得主人很吝啬，满桌子的
zuòkè, wǎngwǎng huì juéde zhǔrén hěn lìnsè, mǎn zhuōzi de

东西，还不够一个人吃的。在北方的宴席上，少不了白酒。度数在50度左右。一位常去北方工作的日本朋友说，中国的白酒太辣，他最怕中国式的干杯。南方人大多喝老酒和绍兴酒。这种酒度数低，酒性温和，对日本人来说，比较适合。

南方人做菜，喜欢多放糖；北方人则喜欢多放盐。即人们所说的"南甜北咸"。南北的美女，更是各有千秋。北方的美女眼睛较大，丰满而富于性感。南方的美女眼睛有些细长，笑起来甜甜的，一种纤细而恬静的美。

词语注释

界限：境界線、境
一方水土一方人：異なる地域によって育った人間も違う
秀丽：秀麗である、すぐれてうるわしい
雄浑壮阔：雄渾で雄大である
截然不同：全然異なる
憨厚：素直である、温厚篤実である
精明：頭が切れる、頭がよい
心细：細心である
粗犷：豪放である、飾り気がない
打架：けんかする
大打出手：〈成語〉大立ち回りをする
斯文：優雅である、上品である
零食：間食
吝啬：けち、けちなことをする
白酒：透明でコウリャン、トウモロコシ等を原料とし、蒸留して造ったアルコール分の多い酒
各有千秋：〈成語〉それぞれ長所がある
性感：性的魅力、セクシー
甜甜的：愛嬌がある、かわいいさま
恬静：心が安らかである、落ち着いている

语法与表达

1. **常言说～**（諺にもあるように）

    常言 说 "失败 是 成功 之 母"。
    Chángyán shuō "shībài shì chénggōng zhī mǔ".

    常言 说 "上 有 天堂, 下 有 苏杭"。
    Chángyán shuō "shàng yǒu tiāntáng, xià yǒu SūHáng".

2. **可能是～吧**（たぶん～であろう）

    可能 是 他 听错 了 吧。
    Kěnéng shì tā tīngcuò le ba.

    可能 是 太 激动 的 缘故 吧, 她 哭了起来。
    Kěnéng shì tài jīdòng de yuángù ba, tā kūleqǐlai.

3. **对于～来说**（～にとっては）

    对于 我 来说, 这 简直 是 个 迷。
    Duìyú wǒ láishuō, zhè jiǎnzhí shì ge mí.

    对于 年轻人 来说, 学习 是 很 重要 的。
    Dìyú niánqīngrén láishuō, xuéxí shì hěn zhòngyào de.

4．即～（すなわち～である）

　　古代 的 琉球国，即 现在 的 冲绳。
　　Gǔdài de Liúqiúguó, jí xiànzài de Chōngshéng.

　　北方 方言 说 的 "真棒"，即 "真好" 的 意思。
　　Běifāng fāngyán shuō de "zhēnbàng", jí "zhēnhǎo" de yìsi.

激动/(感情が)高ぶる　　天堂/極楽　　苏杭/蘇州、杭州
迷/なぞ

思 考 题

1．北方人和南方人的性格有什么不同？

2．打架的时候，北方人和南方人一样吗？

3．南方人为什么喜欢吃零食？

4．北方的宴席上少不了什么酒？

5．南方人大多喝什么酒？

6．南北的美女各有什么特点？

スターバックスコーヒー

第五课 鲁迅与藤野先生
Lǔ Xùn yǔ Téngyě xiānsheng

中国的大文豪鲁迅(1881~1936年)，原名周树人。鲁迅是他的笔名。一九〇二年，鲁迅二十二岁的时候，被派往日本留学。他先在为中国留学生开办的弘文学院，补习日语和普通科知识。毕业时，因厌恶一味吃喝玩乐的清国留学生，只身离开东京，去了仙台医学专门学校。那时鲁迅想学医，将来为病人解除疾苦。就是在这里他结识了藤野先生。

这位治学严谨，不修边幅的藤野严九郎先生非常关心鲁迅的学习，在他授课期间，让鲁迅每周把听课笔记送给他看，亲自用红笔添改"脱漏的地方，连文法的错误，也都一一订正。"

然而在仙台学习期间，鲁迅的思想有了

变化。他认识到：对于愚弱的国民来说，医学并非
biànhuà. Tā rènshidào: duìyú yúruò de guómín láishuō, yīxué bìng fēi

一件要紧的事，更为重要的是唤起他们的
yíjiàn yàojǐn de shì, gèng wéi zhòngyào de shì huànqǐ tāmen de

觉醒。于是他毅然弃医从文，走上了文学救国的
juéxǐng. Yúshì tā yìrán qìyī cóngwén, zǒushangle wénxué jiùguó de

道路。并成为中国文坛的一颗巨星。
dàolù. Bìng chéngwéi Zhōngguó wéntán de yìkē jùxīng.

回国以后，鲁迅一直没有忘记这位日本老师。
Huíguó yǐhòu, Lǔ Xùn yìzhí méi yǒu wàngjì zhèwèi Rìběn lǎoshī.

一九二六年，他写了一篇题为《藤野先生》的散文。
Yījiǔ'èrliùnián, tā xiěle yìpiān tíwéi 《Téngyěxiānsheng》 de sǎnwén.

其中有这样一段："在我所认为我师的之
Qízhōng yǒu zhèyang yíduàn: "zài wǒ suǒ rènwéi wǒ shī de zhī

中，他是最使我感激，给我鼓励的一个。……
zhōng, tā shì zuì shǐ wǒ gǎnjī, gěi wǒ gǔlì de yíge.……

他的性格，在我的眼里和心里是伟大的，
Tā de xìnggé, zài wǒ de yǎnli hé xīnli shì wěidà de,

虽然他的姓名并不为许多人所知道。"
suīrán tā de xìngmíng bìng bú wèi xǔduō rén suǒ zhīdào."

词语注释

笔名:	ペンネーム	脱漏:	抜ける、脱落する
厌恶:	嫌悪する、非常に嫌う	错误:	まちがい、ミス
一味:	ひたすら、一途に	愚弱:	愚かで弱い
只身:	独りで	唤起:	喚起する、奮い立つように呼びかける
解除:	取り除く		
疾苦:	苦しみ	要紧:	大切である、重要である
结识:	知り合いになる	觉醒:	目覚める、目を覚ます
治学:	学問を治める、研究する	毅然:	毅然として、ためらうことなく
严谨:	謹厳である、慎み深い		
不修边幅:	〈成語〉身なりに頓着しない	弃医从文:	医学の路を止め、文学に従事する
添改:	付け加えたり直したりする	鼓励:	励ます

语法与表达

1. **把～**（目的語を前置するしるし。～を～する）

   我们 把 这个 难题 解决 了。
   Wǒmen bǎ zhège nántí jiějué le.

   把 作业 写完了 再 吃饭。
   Bǎ zuòyè xiěwánle zài chīfàn.

2. **认识到了～**（認識した、分かった）

   他 认识到了 自己 的 缺点。
   Tā rènshidàole zìjǐ de quēdiǎn.

   人们 认识到了 锻炼 身体 的 重要性。
   Rénmen rènshidàole duànliàn shēntǐ de zhòngyàoxìng.

3. **一直～**（ずっと）

   他 一直 想 成为 相声 演员。
   Tā yìzhí xiǎng chéngwéi xiàngshēng yǎnyuán.

   一直 也 没 时间 回 老家 看看。
   Yìzhí yě méi shíjiān huí lǎojiā kànkan.

锻炼/鍛える　作业/宿題、練習問題　相声/漫才

思考题

1. 鲁迅什么时候被派往日本留学的?

2. 那时鲁迅想学什么?

3. 鲁迅在哪儿结识了藤野先生?

4. 在藤野先生授课期间,让鲁迅每周做什么?

5. 在仙台学习期间,鲁迅认识到了什么?

6. 为纪念藤野先生,鲁迅写了什么?

マクドナルド

中国 的 教育
Zhōngguó de jiàoyù

当今 中国 的 教育 制度, 小学 六年; 中学
Dāngjīn Zhōngguó de jiàoyù zhìdù, xiǎoxué liùnián; zhōngxué

三年; 高中 三年; 大学 一般 四年。大学 以上 的
sānnián; gāozhōng sānnián; dàxué yìbān sìnián。Dàxué yǐshàng de

硕士 和 博士 各 三年。国家 的 义务 教育 到
shuòshì hé bóshì gè sānnián。Guójiā de yìwù jiàoyù dào

中学 为止。
zhōngxué wéizhǐ。

自古 以来, 中国 社会 就 有 "万般 皆 下品, 唯
Zìgǔ yǐlái, Zhōngguó shèhuì jiù yǒu "Wànbān jiē xiàpǐn, wéi

有 读书 高" 的 思想。现代 社会 虽然 没有 科举,
yǒu dúshū gāo" de sīxiǎng。Xiàndài shèhuì suīrán méiyǒu kējǔ,

但是 独生子女 的 父母们, 还是 希望 自己 的 孩子
dànshì dúshēngzǐnǚ de fùmǔmen, háishi xīwàng zìjǐ de háizi

好好儿 读书, 将来 上 大学。所以 从 学龄前, 就
hǎohāor dúshū, jiānglái shàng dàxué。Suǒyǐ cóng xuélíngqián, jiù

拼命 地 让 孩子 去 幼儿班 学习。到了 上 小学
pīnmìng de ràng háizi qù yòuérbān xuéxí。Dàole shàng xiǎoxué

的 时候, 想方设法 把 孩子 送进 重点 小学。
de shíhou, xiǎngfāngshèfǎ bǎ háizi sòngjìn zhòngdiǎn xiǎoxué。

即使 学校 远, 每天 接送 也 不 辞 劳苦。
Jíshǐ xuéxiào yuǎn, měitiān jiēsòng yě bù cí láokǔ。

目前 因 中国 的 大学 还 少, 高考 竞争率 是
Mùqián yīn Zhōngguó de dàxué hái shǎo, gāokǎo jìngzhēnglǜ shì

相当 高的。如果 不 进 重点 小学, 以后 就 很
xiāngdāng gāo de。Rúguǒ bú jìn zhòngdiǎn xiǎoxué, yǐhòu jiù hěn

难考上重点高中。不是重点高中的学生，考进大学的可能性相当小。不过，好在许多大学都设有夜间大学或函授大学，为没考上大学的高中生和社会青年提供深造的机会。

近年随着因特网的普及，对于国外的情况了解得多了，也没有多少人认为美国、日本那样的生活就是天堂。但是想留学的人还是不少。血气方刚的年轻人，一则有好奇心，想亲眼看看外国这个大千世界；二则确实想学习些国外的先进东西；三则大概是想在更广阔的天地里施展一下自己的本领吧。

词语注释

硕士：修士
各：それぞれ、いずれも
万般：ありとあらゆる物事
独生子女：一人っ子
学龄前：小学校入学前の児童
幼儿班：幼児向けの勉強クラス
想方设法：〈成語〉八方手を尽くす
不辞劳苦：劳苦をいとわない
函授：通信教育
了解：了解する、知る
血气方刚：元気盛り

深造：造詣を深める、さらに上の学校へ入る
因特网：インターネット
亲眼：自分の目で、目の当たりに
大千世界：〈成語〉広大無辺な世界
广阔：広大である、広い
则："一、二（再）、三"等の後に用いて原因や理由の列挙を表す
施展：能力や威力を発揮する
本领：腕まえ、才能、能力

语法与表达

1. 虽然～但是～（～ではあるけれども）

    虽然 我 喜欢 书法，但是 写不好。
    Suīrán wǒ xǐhuan shūfǎ, dànshì xiěbuhǎo.

    虽然 大学 快 毕业 了，但是 他 还 不 知道 自己
    Suīrán dàxué kuài bìyè le, dànshì tā hái bù zhīdào zìjǐ
    想 做 什么。
    xiǎng zuò shénme.

2. 如果～就～（もし～ならば）

    如果 大家 不 反对，就 这样 定 了。
    Rúguǒ dàjiā bù fǎnduì, jiù zhèyang dìng le.

    如果 你 有 那 本 书，就 借给 我 看看 吧。
    Rúguǒ nǐ yǒu nà běn shū, jiù jiègěi wǒ kànkan ba.

3. 对于～（～に対して、～に対する～）

    对于 这个 问题，你 怎么 看？
    Duìyú zhège wèntí, nǐ zěnme kàn?

    对于 大家 的 提案，我们 一定 认真 研究。
    Duìyú dàjiā de tí'àn, wǒmen yídìng rènzhēn yánjiū.

4．動詞(形容詞)＋得〜（程度・状態補語）

他 激动得 热 泪 盈 眶。
Tā jīdòngde rè lèi yíng kuàng.

忙得 连 吃 饭 的 时间 也 没 有。
Mángde lián chī fàn de shíjiān yě méi yǒu.

认真/真剣である　　定/決定する　　热泪盈眶/熱い涙が目にあふれる

思　考　題

1．中国的国家义务教育到小学为止吗？

2．自古以来中国社会就有什么思想？

3．独生子女的父母们希望自己的孩子做什么？

4．为什么中国高考竞争率相当高？

5．许多大学都设有什么？

6．为什么想留学的人很多？

朝、キャンパスで読書する大学生

小时工
Xiǎoshígōng

"小时工",又叫钟点工。顾名思义,就是按
"Xiǎoshígōng", yòu jiào zhōngdiǎngōng Gùmíngsīyì, jiùshì àn

工作 时间 或 工作量 计算 报酬。在 中国 直到
gōngzuò shíjiān huò gōngzuòliàng jìsuàn bàochóu. Zài Zhōngguó zhídào

八十年代 末,做 这种 工作 的 大多 是 来自 农村
bāshíniándài mò, zuò zhèzhǒng gōngzuò de dàduō shì láizì nóngcūn

的 女孩子。主要 是 帮助 照看 小孩儿、买 菜、做 饭,
de nǚháizi. Zhǔyào shì bāngzhù zhàokàn xiǎoháir, mǎi cài, zuò fàn,

洗 衣服 或者 打扫 房间。九十年代,随着 下岗 人员
xǐ yīfu huòzhě dǎsǎo fángjiān. Jiǔshíniándài, suízhe xiàgǎng rényuán

的 增多,打 小时工 的 城市人 也 渐渐 地 多起来。
de zēngduō, dǎ xiǎoshígōng de chéngshìrén yě jiànjiàn de duōqǐlai.

进入 两千 年 的 今天,小时工 竟 成了 一种
Jìnrù liǎngqiān nián de jīntiān, xiǎoshígōng jìng chéngle yìzhǒng

热门 职业。不但 涌现出 大量 雇用 小时工 的
rèmén zhíyè. Búdàn yǒngxiànchū dàliàng gùyòng xiǎoshígōng de

家政 服务 公司,服务 项目 也 由 原来 的 "家庭
jiāzhèng fúwù gōngsī, fúwù xiàngmù yě yóu yuánlái de "jiātíng

小时工",扩大 到 "社会 小时工"。除了 家庭 服务
xiǎoshígōng", kuòdà dào "shèhuì xiǎoshígōng". Chúle jiātíng fúwù

外,打 字、翻译、推销 产品 以及 导游、休闲 娱乐
wài, dǎ zì, fānyì, tuīxiāo chǎnpǐn yǐjí dǎoyóu, xiūxián yúlè

应有尽有。作为 现代 社会 的 新兴 产业,各 省
yīngyǒujìnyǒu. Zuòwéi xiàndài shèhuì de xīnxīng chǎnyè, gè shěng

市 都 在 大力 支持 和 促进 它 的 发展。
shì dōu zài dàlì zhīchí hé cùjìn tā de fāzhǎn.

前不久，小时工在大连被确认为"正规就业形式"，纳入各级劳动部门的监管范围。并制定了一整套"用工规范"。一些城市的劳动局还通过实际操作考核和理论考试，颁发"家政服务上岗证"。最近，喜欢尝试新事物的青年学生们，也加入了小时工的行列。据一家家政服务公司报道，数百名应聘者中，有大学生、硕士生和博士生。一位女大学生还说："我不觉得家务劳动低人一等，这是人综合能力的一部分。"

词语注释

小时工: 仕事の時間や量により時給で給料を支払われる仕事
顾名思义:〈成語〉文字通り
热门: 人気があるもの、ブーム
涌现: 勢いよく現れる
雇用: 雇う
打字: タイプライターを打つ
推销: 売りさばく、セールスをする

导游: 観光旅行の案内をする
应有尽有:（あるべきものは）何でもある
监管: 監督し管理する
一整套: 完全に一組になっているもの、一セット
颁发: 授与する、発布する
尝试: 試してみる

语法与表达

1. **作为～**（～として）

    作为 学生, 应该 遵守 学校 的 规则。
    Zuòwéi xuésheng, yīnggāi zūnshǒu xuéxiào de guīzé.

    作为 外国友人, 我 参加了 新年 招待会。
    Zuòwéi wàiguóyǒurén, wǒ cānjiāle xīnnián zhāodàihuì.

2. **通过～**（～を通して）

    通过 互相 访问, 增进 友谊。
    Tōngguò hùxiāng fǎngwèn, zēngjìn yǒuyì.

    他 通过 一年 的 刻苦 学习, 托福 考试 终于
    Tā tōngguò yìnián de kèkǔ xuéxí, Tuōfú kǎoshì zhōngyú

    过关 了。
    guòguān le.

3. **据～报道〔据报道～〕**（～の報道によれば、報道によれば）

    据 新华社 报道, 北京 又 遭 沙尘暴 的 袭击。
    Jù Xīnhuáshè bàodào, Běijīng yòu zāo shāchénbào de xíjī.

    据 报道, 日本 青年 代表团 将 访问 中国。
    Jù bàodào, Rìběn qīngnián dàibiǎotuán jiāng fǎngwèn Zhōngguó.

托福/TOEFL　　过关/パスする　　新华社/中国国営通信社の名前

沙尘暴/砂嵐

思 考 题

1. "小时工"是什么意思?

2. 八十年代末,做小时工的大多是什么人?

3. 九十年代,为什么打小时工的城市人也多起来了?

4. 小时工的服务项目有什么?

5. 最近,什么人也加入了小时工的行列?

6. 一位女大学生说什么?

店前の休憩場

第八课 万里长城
Wànlǐchángchéng

在 联合国 的 大厦 里，收藏着 世界 许多 国家
Zài Liánhéguó de dàshà li, shōucángzhe shìjiè xǔduō guójiā

赠送 的 具有 本国 特色 的 礼物。中国 赠送 的
zèngsòng de jùyǒu běnguó tèsè de lǐwù. Zhōngguó zèngsòng de

是 一幅 巨大 的 长城 挂毯。
shì yìfú jùdà de Chángchéng guàtǎn.

说起 中国 的 万里长城，大概 不 知道 它
Shuōqǐ Zhōngguó de Wànlǐchángchéng, dàgài bù zhīdào tā

的 人 不 多。作为 中国 的 名胜古迹 之 一，
de rén bù duō. Zuòwéi Zhōngguó de míngshènggǔjī zhī yī,

多年 来 吸引着 无数 国内外 的 游客。一九八七年
duōnián lái xīyǐnzhe wúshù guónèiwài de yóukè. Yījiǔbāqīnián

联合国 科教文 组织 世界 遗产 委员会 还 认定
Liánhéguó kējiàowén zǔzhī shìjiè yíchǎn wěiyuánhuì hái rèndìng

长城 为 世界 文化 遗产。
Chángchéng wéi shìjiè wénhuà yíchǎn.

最早 的 长城 是 距今 两千 二百多年 前，
Zuìzǎo de Chángchéng shì jùjīn liǎngqiān èrbǎiduōnián qián,

秦始皇 统一 中国 后，为了 防御 北方 匈奴
Qínshǐhuáng tǒngyī Zhōngguó hòu, wèile fángyù běifāng Xiōngnú

等 游牧 民族 的 入侵 而 修筑 的。不过，我们
děng yóumù mínzú de rùqīn ér xiūzhù de. Búguò, wǒmen

今天 看到 的 八达岭 长城 是 明代（1368～1644年）
jīntiān kàndào de Bādálǐng Chángchéng shì Míngdài (1368～1644年)

的 建筑。它 平均 高 八米，宽 六米，全长 约
de jiànzhù. Tā píngjūn gāo bāmǐ, kuān liùmǐ, quáncháng yuē

有 六千公里。全部 是 用 砖 石 砌起来 的。
yǒu liùqiāngōnglǐ. Quánbù shì yòng zhuān shí qìqǐlai de.

在 中国, 有"不 到 长城 非 好汉"的 谚语。不
Zài Zhōngguó, yǒu "Bú dào Chángchéng fēi hǎohàn" de yànyǔ. Bù

亲自 登上 长城, 就 无法 领略 它 的 壮美。据
qīnzì dēngshang Chángchéng, jiù wúfǎ lǐnglüè tā de zhuàngměi. Jù

报道 二〇〇二年 三月, 被 誉为 "女 铁人" 的 美国
bàodào èrlínglíng'èrnián sānyuè, bèi yùwéi "nǚ tiěrén" de Měiguó

印第安那 大学 荷尔 博士 将 徒步 走 长城。预计
Yìndì'ānnà dàxué Héěr bóshì jiāng túbù zǒu Chángchéng. Yùjì

从 玉门关 走到 山海关, 历时 六个月。目前 已 有
cóng Yùménguān zǒudào Shānhǎiguān, lìshí liùgeyuè. Mùqián yǐ yǒu

二十多名 志愿者 愿意 与 她 一同 完成 这项 伟大
èrshíduōmíng zhìyuànzhě yuànyi yǔ tā yìtóng wánchéng zhèxiàng wěidà

的 挑战。荷尔 博士 此行 的 主要 目的 是: 打破 从
de tiǎozhàn. Héěr bóshì cǐxíng de zhǔyào mùdì shì: dǎpò cóng

嘉峪关 到 山海关 徒步 走 长城 的 纪录; 考察
Jiāyùguān dào Shānhǎiguān túbù zǒu Chángchéng de jìlù; kǎochá

长城, 让 世界 了解 长城; 考察 长城 沿线
Chángchéng, ràng shìjiè liǎojiě Chángchéng; kǎochá Chángchéng yánxiàn

的 生态 建设 等等。
de shēngtài jiànshè děngdeng.

我们 热切 地 期待着 荷尔 博士 的 佳音。
Wǒmen rèqiè de qīdàizhe Héěr bóshì de jiāyīn.

词语注释

联合国：国際連合、国連
大厦：ビルディング、高層ビル
挂毯：壁掛け
名胜古迹：名所旧跡
吸引：引きつける
认定：認定する、はっきりと認める
入侵：侵す
印第安那大学："Indiana" 大学
八达岭：八達嶺(北京)は万里の長城の参観地の一つ
砖：れんが
砌：(れんがや石等を)積み上げる、築く

不到长城非好汉：〈諺〉長城に至らずんば好漢にあらず。つまり初志を貫かないものは立派な人間ではない
领略：初めて知る、味わう
壮美：雄壮で美しい
预计：見通し、見込み
玉门关：甘粛省の西にある古代重要の関所
山海关：河北省にある万里の長城起点
嘉峪关：甘粛省にある万里の長城西端の終点
热切：切に、切実である

语法与表达

1. 大概〜（たぶん、おそらく）

大概 他 会 说 一点儿 德语。
Dàgài tā huì shuō yìdiǎnr Déyǔ.

大概 想 去 中国 旅行 的 人 很 多。
Dàgài xiǎng qù Zhōngguó lǚxíng de rén hěn duō.

2. 被誉为〜〔被〜誉为〕（〜に〜とほめられる、〜とほめたたえられる）

他 被 誉为 特级 教师。
Tā bèi yùwéi tèjí jiàoshī.

因 这里 海产 丰富，被 人们 誉为 宝岛。
Yīn zhèli hǎichǎn fēngfù, bèi rénmen yùwéi bǎodǎo.

3. 愿意〜（心から〜したいと思う[希望する]）

你 愿意 和 她 结婚 吗？
Nǐ yuànyi hé tā jiéhūn ma?

我 愿意 做 这样 的 工作。
Wǒ yuànyi zuò zhèyang de gōngzuò.

德语/ドイツ語　　海产/海産物　　丰富/豊富である

思 考 题

1. 在联合国的大厦里，收藏着什么礼物？

2. 最早的长城是什么时候修筑的？

3. 秦始皇为什么要修筑长城？

4. 长城的全长有多少公里？

5. 长城是用什么砌起来的？

6. 荷尔博士预计几个月徒步走完长城？

万里の長城

第九课 休闲 热
Xiūxián rè

在当今的中国，从南到北正在卷起一股休闲的热潮。不仅报纸、杂志上常可以看到"我的休闲"、"谈休闲"的栏目，而且在百姓的生活中也成了一个热门话题。

所谓"休闲"，就是学习、工作以外时间的一种利用。据说早在公元前四世纪，古希腊的亚里士多德就已经认识到了休闲的重要性。他曾指出："休闲可以使我们获得更多的幸福感，可以保持内心的安宁。""休闲可以使我们有意义地生活。"可笑的是，先哲的这些至理名言，两千多年后的今天，中国人才得以拜读。大有迟到的春天之感。

随着一九九五年五日工作制的实行，中国

每年的法定节假日已达到一一四天。休息日除了做家务，人们有了休闲的可能。一九九九年政府又实施了春节、五一节、国庆节三个长假日，客观上为休闲创造了条件。

休闲为百姓带来了身心的愉悦，同时休闲消费又促进了旅游、交通、娱乐等许多行业的繁荣。人们越来越看到了休闲的经济价值。前不久，杭州已经向世界休闲组织申请承办二〇〇六年世界休闲博览会。

但愿一个真正的、属于百姓的休闲时代早日到来！

词语注释

卷起：巻き上げる、巻き起こす
股：力、社会潮流等を数える量詞
报纸：新聞
栏目：記事、欄
古希腊：古代ギリシア
亚里士多德：Aristotle（アリストテレス）
安宁：安らかである、穏やかである
先哲：先哲、過去の偉大な思想家
得以：（～によって）～することができる

至理名言：〈成語〉至理名言、もっともな道理を説いた優れた言葉
五日工作制：週に五日間の仕事制度
节假日：祝日と休日の併称
做家务：家事をする
行业：職種、業種
前不久：少し前、この前
承办：請け負う、引き受ける
杭州：浙江省の省都

语法与表达

1. 不仅～而且～ （～ばかりでなく～そのうえ［しかも］）

我 不仅 想 学好 英语，而且 还 想 学好 汉语。
Wǒ bùjǐn xiǎng xuéhǎo Yīngyǔ, érqiě hái xiǎng xuéhǎo Hànyǔ.

这里 不仅 天气 宜人，而且 生活 方便。
Zhèli bùjǐn tiānqì yírén, érqiě shēnghuó fāngbiàn.

2. 所谓～ （～というのは、～とは）

所谓 买单，就 是 付钱 的 意思。
Suǒwèi mǎidān, jiù shì fùqián de yìsi.

所谓 下岗，简单 地 说，即 暂时 没了 工作。
Suǒwèi xiàgǎng, jiǎndān de shuō, jí zànshí méile gōngzuò.

3. 但愿～ （願わくは～であってほしい）

但愿 老天 保佑。
Dànyuàn lǎotiān bǎoyòu.

但愿 她 说 的 不 是 谎话。
Dànyuàn tā shuō de bú shì huǎnghuà.

宜人/人の気持ちにかなう　　老天/天の神さま　　谎话/うそ、いつわり

思 考 题

1. 在当今的中国正在卷起一股什么热潮？

2. "休闲"是什么意思？

3. 早在公元前就认识到了休闲重要性的是谁？

4. 他是怎么指出的？

5. 中国每年的法定节假日已达到多少天？

6. 休闲给百姓和社会带来了什么？

王府井步行者天国

第十课 黄金周
Huángjīnzhōu

有幸 在 中国 迎来 二十一世纪 的 第一个
Yǒuxìng zài Zhōngguó yínglái èrshiyīshìjì de dìyīge

黄金周, 我 决定 不 放过 这个 好 机会, 实地
huángjīnzhōu, wǒ juédìng bú fàngguo zhège hǎo jīhuì, shídì

调查, 写 一篇 中国人 过 黄金周 的 报道。
diàochá, xiě yìpiān Zhōngguórén guò huángjīnzhōu de bàodào.

中国 政府 从 二〇〇〇年 的 五一节 开始, 由
Zhōngguó zhèngfǔ cóng èrlínglínglíngnián de Wǔ-Yījié kāishǐ, yóu

原来 的 放 一天 假, 改为 放 三天 假。 这样 加上
yuánlái de fàng yìtiān jià, gǎiwéi fàng sāntiān jià. Zhèyang jiāshang

前后 的 星期六 和 星期天, 可以 连休 七天。据说 因
qiánhòu de xīngqīliù hé xīngqītiān, kěyǐ liánxiū qītiān. Jùshuō yīn

当年 去 北京、 上海 旅行 的 家庭 过多, 以至于
dāngnián qù Běijīng、Shànghǎi lǚxíng de jiātíng guòduō, yǐzhìyú

各种 服务 应接不暇。旅店 的 利用率 竟 达 百分之
gèzhǒng fúwù yìngjiēbùxiá. Lǚdiàn de lìyònglǜ jìng dá bǎifēnzhī

一百二十。
yìbǎi'èrshí.

今年 是 中国人 过 黄金周 的 第三个 年头。
Jīnnián shì Zhōngguórén guò huángjīnzhōu de dìsānge niántóu.

会 有 什么 新 动向 呢? 我 不禁 激动起来。
Huì yǒu shénme xīn dòngxiàng ne? Wǒ bújìn jīdòngqǐlai.

五月 一日, 我 准备 到 上海 最 繁华 的 南京路
Wǔyuè yīrì, wǒ zhǔnbèi dào Shànghǎi zuì fánhuá de Nánjīnglù

转转。 早上 还 不 到 九点, 人行道上, 打扮得
zhuànzhuan. Zǎoshang hái bú dào jiǔdiǎn, rénxíngdàoshang, dǎbànde

花枝招展的女孩子和穿着潇洒的休闲装
huāzhī zhāozhǎn de nǚháizi hé chuānzhe xiāosǎ de xiūxiánzhuāng

的小伙子们已陆续出现。他们大概是去哪儿
de xiǎohuǒzimen yǐ lùxù chūxiàn. Tāmen dàgài shì qù nǎr

约会吧。再看大道上跑的几乎都是小汽车，
yuēhuì ba. Zài kàn dàdàoshang pǎo de jīhū dōu shì xiǎoqìchē,

时而响起催促前方加快速度的喇叭声。这一定
shí'ér xiǎngqi cuīcù qiánfāng jiākuài sùdù de lǎbashēng. Zhè yídìng

是开车去兜风或去什么地方旅游的人们。
shì kāichē qù dōufēng huò qù shénme dìfang lǚyóu de rénmen.

路上的行人越来越多了，男男女女，老老少少，
Lùshang de xíngrén yuèláiyuè duō le, nánnán nǚnǚ, lǎolǎo shàoshào,

只觉得一股股的热浪不断迎面扑来。我被
zhǐ juéde yìgǔgǔ de rèlàng búduàn yíngmiàn pūlai. Wǒ bèi

卷入了这巨大的人海之中。欢声笑语，
juǎnrùle zhè jùdà de rénhǎi zhī zhōng. Huānshēng xiàoyǔ,

伴随着叫卖声响成一片。
bànsuízhe jiàomàishēng xiǎngchéng yípiàn.

直到晚上十点，各个商店还是顾客盈门，
Zhídào wǎnshang shídiǎn, gège shāngdiàn háishi gùkè yíngmén,

街道上灯火辉煌。这大上海，真是一座
jiēdàoshang dēnghuǒ huīhuáng. Zhè Dàshànghǎi, zhēn shì yízuò

不夜城啊！
búyèchéng a!

词语注释

有幸: 幸運である
黄金周: ゴールデンウイーク
放过: 見逃す、見過ごす
以至于: そのために（～となる）
应接不暇:〈成語〉応接にいとまがない
转转: ぶらぶら歩く、あちこち回る
打扮: 装う、着飾る
花枝招展:〈成語〉女性のはなやかな装いを形容する
潇洒: さっぱりしている
休闲装: 休暇や遊ぶ時の服

小伙子: 男の若者
陆续: 陸続と、続々と
约会: デートをする
喇叭: クラクション、ラッパ
兜风: ドライブする
股: 気体や水の流れなどを数える量詞
迎面扑来: 真正面から飛びかかってくる
卷入: 巻き込む、巻き込まれる
叫卖声: 売り声
顾客盈门: 顧客が絶えない
灯火辉煌: あかりが光り輝く

语法与表达

1. **不禁～**（思わず、～せずにいられない）

    她 不禁 放声 痛哭。
    Tā bújìn fàngshēng tòngkū.

    球迷们 不禁 欢呼起来。
    Qiúmímen bújìn huānhūqǐlai.

2. **准备～**（～するつもりである、～する予定である）

    大学 毕业 后 我 准备 去 中国 留学。
    Dàxué bìyè hòu wǒ zhǔnbèi qù Zhōngguó liúxué.

    今年 的 "五四"，我们 准备 隆重 地 庆祝 一下。
    Jīnnián de "Wǔ-Sì", wǒmen zhǔnbèi lóngzhòng de qìngzhù yíxià.

3. **真是～啊**（本当に～であろう）

    真 是 一场 激烈 的 比赛 啊。
    Zhēn shì yìcháng jīliè de bǐsài a.

    这儿 真 是 个 避暑 的 好 地方 啊。
    Zhèr zhēn shì ge bìshǔ de hǎo dìfang a.

放声/大声をあげる　　球迷/球技ファン　　隆重/盛大に
比赛/試合する

思 考 题

1. 黄金周，课文中的"我"决定做什么？

2. 五月一日，"我"准备到哪儿转转？

3. 早上还不到九点，人行道上陆续出现的是什么人？

4. 大道上跑的是什么车？他们开车去哪儿？

5. 晚上十点的时候，商店里有顾客吗？

6. 街道上怎么样？

上 海

第十一课　现代化　生活
Xiàndàihuà　shēnghuó

在　中国，改革开放　政策　已经　实施　二十多年
Zài　Zhōngguó, gǎigékāifàng　zhèngcè　yǐjing　shíshī　èrshíduōnián

了。赶上　好　时代　的　中国人，正在　向　现代化
le. Gǎnshang　hǎo　shídài　de　Zhōngguórén, zhèngzài　xiàng　xiàndàihuà

的　生活　一步步　地　前进着。
de shēnghuó　yíbùbù　de　qiánjìnzhe.

七十年代　末，电视　开始　走进　家庭，大大　地　改善了
Qīshíniándài　mò, diànshì　kāishǐ　zǒujìn　jiātíng, dàdà　de　gǎishànle

人们　单调、贫乏　的　精神　生活。其后，洗衣机、
rénmen　dāndiào、pínfá　de　jīngshén　shēnghuó. Qíhòu, xǐyījī、

电冰箱　等　家用　电器　也　相继　进入　家庭。想起
diànbīngxiāng　děng　jiāyòng　diànqì　yě　xiāngjì　jìnrù　jiātíng. Xiǎngqi

那时　的　价格　真是　贵得　惊　人。普通　的　双职工
nàshí　de　jiàgé　zhēnshi　guìde　jīng　rén. Pǔtōng　de　shuāngzhígōng

家庭，两人　一年　的　工资　都　存起来，全家人　不　吃
jiātíng, liǎngrén　yìnián　de　gōngzī　dōu　cúnqǐlai, quánjiārén　bù　chī

不　喝　也　买不了　一台　电冰箱。但是　渴望　得到
bù　hē　yě　mǎibuliǎo　yìtái　diànbīngxiāng. Dànshì　kěwàng　dédào

这些　新　东西　的　百姓，节衣缩食，拼命　地　攒钱。十年
zhèxiē　xīn　dōngxi　de　bǎixìng, jiéyīsuōshí, pīnmìng　de　zǎnqián. Shínián

后，在　城市，尤其　是　大城市　已　基本　达到　普及。
hòu, zài　chéngshì, yóuqí　shì　dàchéngshì　yǐ　jīběn　dádào　pǔjí.

九十年代　初，自费　安装　家用　电话　的　人家　还
Jiǔshíniándài　chū, zìfèi　ānzhuāng jiāyòng　diànhuà　de　rénjiā　hái

很　少。一则　费用　太　高；二则　周围　的　亲戚、朋友
hěn　shǎo. Yīzé　fèiyòng　tài　gāo; èrzé　zhōuwéi　de　qīnqi、péngyou

还没有电话的时候，自家安上了，意义也不大。

然而九四年前后，随着安装费用的降低，家用电话竟在很短的时间里一下子热了起来。大城市里没电话的人家竟成了少数。不久，携带方便又便宜的BP机走俏，但终究还是不如手机方便。进入二十一世纪的今天，随着人们消费水平的提高与手机费用的锐减，手机大有走红之势。

对当代中国人来说，他们今后面临的挑战，大概就是过去连做梦也不敢想像的私家车吧？

词语注释

赶上:	ちょうど、折よく
相继:	相次いで、次々と
惊人:	驚くべき、目覚ましい
双职工:	共働きの夫婦
存:	貯蓄する
节衣缩食:	〈成語〉衣食を切り詰めて節約する
拼命:	懸命に、一生懸命に
攒钱:	お金をためる
尤其:	特に、とりわけ
安装:	取り付ける
降低:	下がる、下げる
一下子:	いきなり、急に
ＢＰ机:	ポケットベル
走俏:	人気がある、よく売れる
终究:	結局のところ、最後には
手机:	携帯電話
锐减:	激減する
走红之势:	幸運に恵まれる趨勢、動向
面临:	直面する、～を目の前にしている
不敢想像:	想像する勇気がない
私家车:	自家用車

语法与表达

1. 想起～（思い出す、思い起こす）

每当 看到 大海，就 不禁 想起 我 的 家乡。
Měidāng kàndào dàhǎi, jiù bújìn xiǎngqi wǒ de jiāxiāng.

想起 童年 的 生活，有 许多 难忘 的 趣事。
Xiǎngqǐ tóngnián de shēnghuó, yǒu xǔduō nánwàng de qùshì.

2. 動詞＋不了（可能補語の否定形）

我 吃不了 这么 多 的 水果。
Wǒ chībuliǎo zhème duō de shuǐguǒ.

外面 下 大雨 呢，你 去不了。
Wàimian xià dàyǔ ne, nǐ qùbuliǎo.

3. 不久～（間もなく、やがて）

不久，文化大革命 就 来 了。
Bùjiǔ, Wénhuàdàgémìng jiù lái le.

上 大学 不久，他 就 到 国外 留学 去 了。
Shàng dàxué bùjiǔ, tā jiù dào guówài liúxué qù le.

每当/～するたびごとに　　难忘/忘れ難い　　趣事/おもしろい事
水果/果物

思 考 題

1. 改革开放的政策已经实行多少年了？

2. 在中国，电视什么时候走进家庭的？

3. 九十年代初，自费安装家用电话的人家为什么少？

4. 为什么家用电话一下子热了起来？

5. 进入二十一世纪，大有走红之势的是什么？

6. 当代中国人面临的挑战是什么？

マイカーでドライブ

第十二课 "文化 打工"
"Wénhuà dǎgōng"

在 中国, 刚刚 恢复 高考 制度 后 的 大学生们,
Zài Zhōngguó, gānggāng huīfù gāokǎo zhìdù hòu de dàxuéshēngmen,

脑海 里 根本 没有 "打工" 这个 概念。每天 的 生活
nǎohǎi li gēnběn méiyǒu "dǎgōng" zhège gàiniàn. Měitiān de shēnghuó

范围 是: 食堂 → 教室 → 图书馆 → 宿舍。那时 社会 还
fànwéi shì: shítáng → jiàoshì → túshūguǎn → sùshè. Nàshí shèhuì hái

没 给 他们 创造 走出 校门 的 条件。大约 是
méi gěi tāmen chuàngzào zǒuchū xiàomén de tiáojiàn. Dàyuē shì

八十年代 末 吧, 一部分 大学生 开始 有了 做 家教
bāshíniándài mò ba, yíbùfēn dàxuéshēng kāishǐ yǒule zuò jiājiào

的 机会。到了 九十年代 中期 以后, 想 打工 的
de jīhuì. Dàole jiǔshíniándài zhōngqī yǐhòu, xiǎng dǎgōng de

大学生, 基本上 都 有 工作。据说 大学生们 最
dàxuéshēng, jīběnshang dōu yǒu gōngzuò. Jùshuō dàxuéshēngmen zuì

喜欢 的 是 做 家教 和 推销 商品。
xǐhuan de shì zuò jiājiào hé tuīxiāo shāngpǐn.

时 至 二十一世纪 的 今天, 在 大学生 中 最
Shí zhì èrshiyīshìjì de jīntiān, zài dàxuéshēng zhōng zuì

热门 的 打工 要 数 网络 小时工 了。随着 计算机
rèmén de dǎgōng yào shǔ wǎngluò xiǎoshígōng le. Suízhe jìsuànjī

的 普及, 因特网 在 全国 风靡起来。各类 网络 的
de pǔjí, yīntèwǎng zài quánguó fēngmíqǐlai. Gèlèi wǎngluò de

开发 设计、文字 编辑、新闻 采编、网页 制作、广告
kāifā shèjì, wénzì biānjí, xīnwén cǎibiān, wǎngyè zhìzuò, guǎnggào

设计 等 需要 大量 的 人手。而 思想 新潮, 会 外语,
shèjì děng xūyào dàliàng de rénshǒu. Ér sīxiǎng xīncháo, huì wàiyǔ,

又能上网的大学生，自然是最好的对象了。于是各个大学的海报栏上，铺天盖地贴满了网络企业招聘兼职的广告。被人们称为"文化打工"的旋风。

和其他的工作相比，打这种工的报酬是相当可观的。大公司按月付酬，一个月能挣七、八百元。比经济不发展地区的平均工资还高。即使按小时付钱的网络公司也会至少拿出比一般小时工高一倍的工钱。当然，对打工者的要求也是很高的。没有这方面能力的大学生，只好望洋兴叹了。

词语注释

家教：家庭教師、家庭教育
计算机：コンピューター
网络：ネットワーク
编辑：編集する
采编：取材して編集する
网页：ホームページ
人手：人手、働く人
新潮：時代の潮流に乗っている
上网：インターネットを利用する
海报栏：ポスター欄

铺天盖地：〈成語〉天地を覆い隠す
招聘：募集する、招聘する
兼职：兼職（する）
可观：相当なもの
付酬：報酬を払う
挣：働いて金を稼ぐ、労働の代価を得る
望洋兴叹：〈成語〉何かをしようとして自分の能力不足を嘆くこと

语法与表达

1. **比～还～**（～より，さらに～）

   妹妹 的 个子 比 姐姐 还 高。
   Mèimei de gèzi bǐ jiějie hái gāo.

   妈妈 做 的 衣服 比 买 的 还 漂亮。
   Māma zuò de yīfu bǐ mǎi de hái piàoliang.

2. **即使～也～**（たとえ～としても、仮に～としても）

   即使 胜利 了，也 不 要 骄傲。
   Jíshǐ shènglì le, yě bú yào jiāoào.

   我 爷爷 即使 下 雨 天 也 出去 散步。
   Wǒ yéye jíshǐ xià yǔ tiān yě chūqu sànbù.

3. **只好～**（～するほかない、～せざるを得ない）

   因 还 有 作业, 只好 不 看 棒球 比赛 了。
   Yīn hái yǒu zuòyè, zhǐhǎo bú kàn bàngqiú bǐsài le.

   今年 没 考上 大学, 只好 等 明年 再 考 了。
   Jīnnián méi kǎoshang dàxué, zhǐhǎo děng míngnián zài kǎo le.

个子/背丈　　骄傲/おごり高ぶる、傲慢である　　棒球/野球

思 考 题

1. 九十年代，中国的大学生最喜欢打什么工？

   _____

2. 现在大学生中最热门的是打什么工？

   _____

3. 需要大量人手的是什么工作？

   _____

4. 各个大学的海报栏上，贴满了什么？

   _____

5. 网络小时工的报酬怎么样？

   _____

6. 大公司怎么付酬？一个月能挣多少钱？

   _____

本屋前の光景

第十三课 旅行日记
Lǚxíng rìjì

利用 暑假，我们 几 个 要好 的 同学 一起 去了
Lìyòng shǔjià, wǒmen jǐ ge yàohǎo de tóngxué yìqǐ qùle

中国。 虽说 在 大学 里 学 的 是 汉语 专业，但是
Zhōngguó. Suīshuō zài dàxué li xué de shì Hànyǔ zhuānyè, dànshì

刚刚 升入 二年级 的 我们 还 是 第一次 去 中国。
gānggāng shēngrù èrniánjí de wǒmen hái shì dìyīcì qù Zhōngguó.

八月 十日 中午，我们 顺利 地 到达了 北京机场。
Bāyuè shírì zhōngwǔ, wǒmen shùnlì de dàodále Běijīngjīchǎng.

从 机场 到 下榻 的 前门饭店 的 路上，我们 兴奋
Cóng jīchǎng dào xiàtà de Qiánménfàndiàn de lùshang, wǒmen xīngfèn

地 张望着 车窗 外 的 一切。
de zhāngwàngzhe chēchuāng wài de yíqiè.

到了 前门饭店，我们 把 行李 一 放进 房间，就
Dàole Qiánménfàndiàn, wǒmen bǎ xíngli yí fàngjìn fángjiān, jiù

跑到 街上 去 了。
pǎodào jiēshang qu le.

"先 去 哪儿?" 抑制 不 住 内心 喜悦 的 田中，急切
"Xiān qù nǎr?" Yìzhì bú zhù nèixīn xǐyuè de Tiánzhōng, jíqiè

地 问。"这儿 离 天安门 广场 可 近 了，走着 去
de wèn. "Zhèr lí Tiān'ānmén guǎngchǎng kě jìn le, zǒuzhe qù

天安门 吧。"大家 欣然 接受了 我 的 提议，异口同声
Tiān'ānmén ba." Dàjiā xīnrán jiēshòule wǒ de tíyì, yìkǒutóngshēng

地 说: "行! 去 吧。"
de shuō: "Xíng! Qù ba."

北京 的 夏天 还 真 热，火辣辣 的 太阳 晒得
Běijīng de xiàtiān hái zhēn rè, huǒlālā de tàiyáng shàide

我们浑身冒汗。天安门广场的游人比想像的要多。在炎热的太阳底下，他们擦着脸上的热汗，兴致勃勃地互相拍着纪念照。热得没了精神的我们也不禁被他们所感染，"来！我们也赶快拍照吧。"

第二天早上，我们特意到附近的早市去吃小吃。在日本的时候，除了面包，很少吃面食。这次油条、烧饼、麻花儿和豆浆都尝了尝，真是又便宜又好吃。

我们在北京玩儿了三天。观看了故宫、颐和园和长城等名胜古迹。时间太紧张了，还有许多地方没去。最后我们约好，明年暑假再来。

词语注释

下榻：泊まる、宿泊する
前门饭店：北京の前門にあるホテルの名
兴奋：興奮する、感情がたかぶる
张望：あたりを見回す、遠方を眺める
行李：荷物
欣然：喜び勇むさま
火辣辣：ここでは極めて熱いことの形容。じりじり
晒：（太陽に）さらす、日に当てる、日に当たる
浑身冒汗：全身汗びっしょり
兴致勃勃：興味津々、非常に興味を感じている

感染：影響を与える、釣り込む
油条：小麦粉を練って棒状にし、油で揚げた中国風長揚げパン
烧饼：小麦粉を発酵させて薄く伸ばし、円形に整えて、天火で焼き上げた食品
麻花：小麦粉をこねて細かく切り、2、3本ねじり合わせて油で揚げた菓子
尝：味わう
故宫：北京にある明、清代の皇居
颐和园：北京の郊外にある西太后の別荘

语法与表达

1. 比～要～（～より～だ、～より～のようだ）

   这个 比 那个 要 贵 些。
   Zhège bǐ nàge yào guì xiē.

   据说 今年 冬天 比 去年 要 冷。
   Jùshuō jīnnián dōngtiān bǐ qùnián yào lěng.

2. "被"("为")＋名詞＋"所"＋動詞（受け身を表す）

   我们 为 他 的 献身 精神 所 感动。
   Wǒmen wèi tā de xiànshēn jīngshén suǒ gǎndòng.

   他 深深 地 被 这 世界 闻名 的 古城 所 吸引。
   Tā shēnshēn de bèi zhè shìjiè wénmíng de gǔchéng suǒ xīyǐn.

3. 又～又～（二つのことの並列を表す）

   那个 人 长得 又 高 又 胖。
   Nàge rén zhǎngde yòu gāo yòu pàng.

   农民们 又 敲锣 又 打 鼓，喜庆 丰收。
   Nóngmínmen yòu qiāoluó, yòu dǎ gǔ, xǐqìng fēngshōu.

吸引/引きつける　　胖/太っている　　敲锣/どらをたたく
喜庆/お祝いする

思 考 題

1．"我们"到北京后住在什么地方？

2．"我们"把行李一放进房间，就做什么了？

3．北京的夏天怎么样？

4．广场的游人在兴致勃勃地做什么？

5．第二天在附近的早市，"我们"吃了什么？

6．"我们"观看了哪些名胜古迹？

天安門広場

第十四课 重游 王府井
Chóngyóu Wángfǔjǐng

我 的 爷爷 刘 来福 是 美籍 华人。五十多年 前,他
Wǒ de yéye Liú Láifú shì měijí huárén. Wǔshíduōnián qián, tā

十七岁 的 时候, 随同 家人 移居到 美国。他 在 异国
shíqīsuì de shíhou, suítóng jiārén yíjūdào Měiguó. Tā zài yìguó

他乡 拼博、 奋斗, 总算 有了 一份 自己 的 产业。
tāxiāng pīnbó、 fèndòu, zǒngsuàn yǒule yífèn zìjǐ de chǎnyè.

如今 他 把 公司 交给 我 的 爸爸 和 叔叔们 经营,
Rújīn tā bǎ gōngsī jiāogěi wǒ de bàba hé shūshumen jīngyíng,

乐得 过 一个 轻松 的 晚年。
lèdé guò yíge qīngsōng de wǎnnián.

暑假 到 了, 爷爷 突然 指名 叫 我 陪 他 去
Shǔjià dào le, yéye tūrán zhǐmíng jiào wǒ péi tā qù

中国。 我 自然 高兴。
Zhōngguó. Wǒ zìrán gāoxìng.

到达 北京 的 第二天 早上, 爷爷 要 去 王府井。
Dàodá Běijīng de dì'èrtiān zǎoshang, yéye yào qù Wángfǔjǐng.

过去 他 住在 那条 街上, 那里 有 他 童年 和 少年
Guòqù tā zhùzài nàtiáo jiēshang, nàli yǒu tā tóngnián hé shàonián

时代 的 美好 回忆。我们 在 挂有 "王府井" 金字
shídài de měihǎo huíyì. Wǒmen zài guàyǒu "Wángfǔjǐng" jīnzì

铜匾 的 南口 下了 出租汽车。热心 的 司机 告诉 我们,
tóngbiǎn de nánkǒur xiàle chūzūqìchē. Rèxīn de sījī gàosu wǒmen,

到 一九九九年 九月 为止, 经过了 七年 的 改造 工程,
dào yījiǔjiǔjiǔnián jiǔyuè wéizhǐ, jīngguòle qīnián de gǎizào gōngchéng,

现在 的 王府井 有 八一〇米 长 的 商业 步行街。
xiànzài de Wángfǔjǐng yǒu bābǎiyīshímǐ cháng de shāngyè bùxíngjiē.

爷爷 似乎 并 不 急于 寻找 他 的 旧家，仔细 地
Yéye sìhū bìng bù jíyú xínzhǎo tā de jiùjiā, zǐxì de

欣赏着 道路 两旁 的 橱窗 和 商店名。
xīnshǎngzhe dàolù liǎngpáng de chúchuāng hé shāngdiànmíng.

在 问路 时，无意 中 爷爷 得知 改造 施工 时，
Zài wènlù shí, wúyì zhōng yéye dézhī gǎizào shīgōng shí,

发现了 和 王府井 的 名字 有关 的 明代 水井。他
fāxiànle hé Wángfǔjǐng de míngzi yǒuguān de Míngdài shuǐjǐng. Tā

好像 很 感 兴趣，拉着 我 就 要 去 看。并 告诉 我，
hǎoxiàng hěn gǎn xìngqù, lāzhe wǒ jiù yào qù kàn. Bìng gàosu wǒ,

王府井 大街 形成 于 元代(1271~1368年)，是 当时
Wángfǔjǐng dàjiē xíngchéng yú Yuándài (1271~1368 nián), shì dāngshí

一条 重要 的 道路。明代 在 这条 街上 建了
yìtiáo zhòngyào de dàolù. Míngdài zài zhètiáo jiēshang jiànle

十王府，所以 人们 称 它 "十王府街" 或 "王府街"。
shíwángfǔ, suǒyǐ rénmen chēng tā "Shíwángfǔjiē" huò "Wángfǔjiē".

后来 因 清人 废了 十王府 和 大街 中 的 一口
Hòulái yīn Qīngrén fèile shíwángfǔ hé dàjiē zhōng de yìkǒu

水井，而 得名 "王府井"。
shuǐjǐng, ér démíng "Wángfǔjǐng".

听完了 爷爷 的 话，我 不由得 被 王府井 悠久
Tīngwánle yéye de huà, wǒ bùyóude bèi Wángfǔjǐng yōujiǔ

的 历史 感动 了。
de lìshǐ gǎndòng le.

词语注释

异国他乡：	異国他郷	仔细：	注意深い、細心である
乐得：	これ幸いとばかりに	欣赏：	楽しむ、賞美する
自然：	当然、当たり前	橱窗：	ショーウインドー、陳列窓
铜匾：	銅額、扁額	无意：	無意識に、不注意で
热心：	親切である	水井：	井戸
为止：	〜までに、〜まで	拉：	引く、引っ張る
改造：	改造する、作り直す	清人：	清の支配は1644年から1911年まで
工程：	工事		
急于：	急いで、焦って	不由得：	思わず、覚えず

语法与表达

1. **总算〜**（やっとのことで）

   在 大学 学了 六年， 总算 毕业 了。
   Zài dàxué xuéle liùnián, zǒngsuàn bìyè le.

   忙了 一个 星期， 总算 可以 休息 一下 了。
   Mángle yíge xīngqī, zǒngsuàn kěyǐ xiūxi yíxià le.

2. **经过〜**（〜を経て、〜を通じて、〜した結果）

   经过 一段 休养， 他 的 体力 得到了 恢复。
   Jīngguò yíduàn xiūyǎng, tā de tǐlì dédàole huīfù.

   经过 二十多年 的 努力， 中国 的 经济 繁荣起来 了。
   Jīngguò èrshíduōnián de nǔlì, Zhōngguó de jīngjì fánróngqǐlai le.

3. **似乎〜**（〜らしい、〜のようである）

   他 似乎 有 什么 心事。
   Tā sìhū yǒu shénme xīnshì.

   旧时 的 同窗 似乎 不 认识 我 了。
   Jiùshí de tóngchuāng sìhū bú rènshi wǒ le.

一段/しばらく　　心事/心配、考え事　　旧时/以前、昔

思 考 题

1．"我"的爷爷是哪国人？

2．十七岁以前，"我"的爷爷住在哪儿？

3．现在王府井有多长的商业步行街？

4．"爷爷"仔细地欣赏着什么？

5．王府井的改建施工时，发现了什么？

6．王府井大街形成于什么时代？

王府井

第十五课 新 住房
Xīn zhùfáng

昨晚，在 中国 的 大学 工作 的 小妹 打来 电话，
Zuówǎn, zài Zhōngguó de dàxué gōngzuò de xiǎomèi dǎlai diànhuà,

高兴 地 告诉 我，她 搬进了 学校 新 建 的 三室一厅。
gāoxìng de gàosu wǒ, tā bānjìnle xuéxiào xīn jiàn de sānshìyìtīng.

现在 的 单位 住房，与 从前 每月 只 交 一点儿
Xiànzài de dānwèi zhùfáng, yǔ cóngqián měiyuè zhǐ jiāo yìdiǎnr

房费 时 不 同。住房 改革 以来，单位 把 房子
fángfèi shí bù tóng. Zhùfáng gǎigé yǐlái, dānwèi bǎ fángzi

卖给 职工，然后 用 这笔 钱 再 盖 新房，以 解决
màigěi zhígōng, ránhòu yòng zhèbǐ qián zài gài xīnfáng, yǐ jiějué

住房 不 足 的 问题。房子 的 价钱 和 大小，是 根据
zhùfáng bù zú de wèntí. Fángzi de jiàqián hé dàxiǎo, shì gēnjù

每个 人 的 工作 年限、资历 以及 配偶 的 相关
měige rén de gōngzuò niánxiàn, zīlì yǐjí pèi'ǒu de xiāngguān

条件 等 综合 算出 的。所以 比 市场 的 商品房
tiáojiàn děng zōnghé suànchū de. Suǒyǐ bǐ shìchǎng de shāngpǐnfáng

要 便宜得 多。房子 买到 手 以后，个人 具有 房权，
yào piányide duō. Fángzi mǎidào shǒu yǐhòu, gèrén jùyǒu fángquán,

将来 不 想 住 的 时候，也 可以 出卖。
jiānglái bù xiǎng zhù de shíhou, yě kěyǐ chūmài.

小妹 自豪 地 对 我 说，她 新 房子 的 使用
Xiǎomèi zìháo de duì wǒ shuō, tā xīn fángzi de shǐyòng

面积 有 100多 平方米，30多米 的 客厅 非常
miànjī yǒu yìbǎiduō píngfāngmǐ, sānshíduōmǐ de kètīng fēicháng

宽敞。离开 中国 多年 的 我，听了 小妹 的
kuānchǎng. Líkāi Zhōngguó duōnián de wǒ, tīngle xiǎomèi de

这番话，真不免感慨万千。

童年时代，我跟祖父、祖母住过四合院；上小学后，又跟随父母住过筒子楼。这筒子楼说起来惭愧，就是长长的走廊的两侧有许多房间，每个房间里住一家。厕所、水房都是公共的。

八十年代中期，我结婚的时候，住房更是紧张。在同一所大学里任教的我和爱人，因学校暂时没房子，我们只好各住各的独身宿舍，唱"牛郎织女"。回想这些往事，还犹如昨天一般记忆犹新。中国的变化实在太快了。

词语注释

三室一厅：3LDK
房费：家賃
职工：職員、労働者
笔：金銭または金銭と関係のあるものについていう
盖：建てる
以：接続詞で、二つの動詞句の間に用いる。～するために、そうすることによって
资历：資格と経歴
商品房：分譲マンション
宽敞：広々としている

番：量詞で回、度
不免：～せざるを得ない、どうしても～になる
感慨万千：感慨無量である
惭愧：慚愧、恥ずかしく思う
走廊：廊下、回廊
水房：上水道と下水道のある部屋
紧张：供給などに余裕がない
唱"牛郎织女"：牽牛と織女の芝居をする
犹如：～と同じようである
记忆犹新：記憶になお新しい

语法与表达

1. 然后～（その後、それから、～してから）

这个 问题 然后 再 讨论。
Zhège wèntí ránhòu zài tǎolùn.

他 总是 先 洗澡，然后 吃 晚饭。
Tā zǒngshì xiān xǐzǎo, ránhòu chī wǎnfàn.

2. 跟随～（あとについて行く、人のあとにつき従う）

我 跟随 哥哥 参加了 许多 足球 比赛。
Wǒ gēnsuí gēge cānjiāle xǔduō zúqiú bǐsài.

他 从小 就 跟随 父母 在 国外 生活。
Tā cóngxiǎo jiù gēnsuí fùmǔ zài guówài shēnghuó.

3. 回想～（回想する、振り返る）

回想 童年，那 是 个 战争 与 贫困 的 年代。
Huíxiǎng tóngnián, nà shì ge zhànzhēng yǔ pínkùn de niándài.

回想 一年 的 留学 生活，真是 收获 极 大。
Huíxiǎng yìnián de liúxué shēnghuó, zhēnshi shōuhuò jí dà.

洗澡/入浴する　　足球/サッカー　　收获/収穫、得るところ

思 考 题

1. 昨晚，"小妹"高兴地告诉"我"什么？

2. 现在的单位住房和从前有什么不同？

3. 房子的价钱和大小是怎么算出的？

4. "小妹"的新房子使用面积是多少？

5. 筒子楼有什么特点？

6. "我"结婚的时候，为什么唱"牛郎织女"？

新居客間の一角

著者

徐　送迎（じょ そうげい）博士（文学）
中国言語文学、日中比較文学文化専攻

新世紀の中国

定価（本体1,800円＋税）

2002.12.1　初版第1刷発行

発行者　井　田　洋　二

発行所　株式会社　駿河台出版社

〒101-0062　東京都千代田区神田駿河台3丁目7番地
電話　東京03(3291)1676(代)番
振替　00190-3-56669番　FAX03(3291)1675番
E-mail：edit@surugadai-shuppansha.co.jp
URL：http：//www.surugadai-shuppansha.co.jp

組版　有限会社 加東

ISBN4-411-01969-8　C3087　¥1800E

駿河台出版社
定価(本体1,800円+税)

ISBN4-411-01969-8
C3087 ¥1800E

やどかりブックレット・障害者からのメッセージ・10

過去があるから今がある 今があるから未来がある・2

結 婚
和子と進のラブストーリー

やどかりブックレット編集委員会 編

菅原 和子　菅原 進 著

やどかり出版